Célio Reginaldo Calikoski
Débora Regina Pupo
Léo Marcelo Plantes Machado
Maria do Carmo Ezequiel Rollemberg
Virginia Feronato

Crescer em Comunhão

Catequese de inspiração catecumenal com a família

Volume 2

© 2014, 2024, Editora Vozes Ltda.
Rua Frei Luís, 100
25689-900 Petrópolis, RJ
www.vozes.com.br
Brasil

Todos os direitos reservados. Nenhuma parte desta obra poderá ser reproduzida ou transmitida por qualquer forma e/ou quaisquer meios (eletrônico ou mecânico, incluindo fotocópia e gravação) ou arquivada em qualquer sistema ou banco de dados sem permissão escrita da editora.

CONSELHO EDITORIAL

Diretor
Volney J. Berkenbrock

Editores
Aline dos Santos Carneiro
Edrian Josué Pasini
Marilac Loraine Oleniki
Welder Lancieri Marchini

Conselheiros
Elói Dionísio Piva
Francisco Morás
Gilberto Gonçalves Garcia
Ludovico Garmus
Teobaldo Heidemann

Secretário executivo
Leonardo A.R.T. dos Santos

PRODUÇÃO EDITORIAL
Aline L.R. de Barros
Jailson Scota
Marcelo Telles
Mirela de Oliveira
Natália França
Otaviano M. Cunha
Priscilla A.F. Alves
Rafael de Oliveira
Samuel Rezende
Vanessa Luz
Verônica M. Guedes

Editoração: Mariana Perlati
Diagramação: Ana Maria Oleniki
Revisão gráfica: Nilton Braz da Rocha
Revisão teológica: Débora Regina Pupo
Capa: Ana Maria Oleniki
Ilustração de capa: @lublubachka

ISBN 978-85-326-6983-4

Este livro teve uma edição com o título *Crescer em Comunhão – Catequese e família 2*.

Este livro foi composto e impresso pela Editora Vozes Ltda.

Sumário

Apresentação, 5

Introdução, 7

1. Deus se manifesta à humanidade, 21
2. Deus faz aliança com seu povo, 35
3. O novo mandamento do amor, 49
4. Somos chamados a ser profetas, 63

Referências, 77

Siglas

AL – Exortação Apostólica pós-sinodal *Amoris Lætitia* – sobre o amor na família

CNBB – Conferência Nacional dos Bispos do Brasil

CIgC – Catecismo da Igreja Católica

CR – Catequese Renovada

CT – Exortação Apostólica *Cathecesi Tradendae* – sobre a catequese de nosso tempo

DC – Diretório para a Catequese

DNC – Diretório Nacional de Catequese

DV – Constituição Dogmática *Dei Verbum*

DSI – Doutrina Social da Igreja

DAp – Documento de Aparecida

EG – Exortação Apostólica *Evangelii Gaudium* – sobre o anúncio do Evangelho no mundo atual

FT – Carta Encíclica *Fratelli Tutti*

GeE – Exortação Apostólica *Gaudete et Exsultate*

LS – Carta Encíclica *Laudato Si'*

Apresentação

> Os pais que creem, com seu exemplo diário de vida, têm a capacidade mais envolvente de transmitir aos próprios filhos a beleza da fé cristã (DC, n. 124).

Queridas famílias e queridos catequistas,

Com alegria apresentamos a coleção *Crescer em Comunhão: catequese de inspiração catecumenal com a família*. Desejamos que este subsídio ajude pais e responsáveis a melhor compreenderem a bela missão que têm: serem os protagonistas da educação na fé dos filhos e filhas.

Os documentos da Igreja são unânimes em dizer que as famílias são as primeiras catequistas dos filhos e filhas. Porém, é preciso ajudá-las para que melhor desempenhem essa missão e possam acompanhar o crescimento e amadurecimento na fé das crianças e dos adolescentes. Foi pensando na missão dos pais, mães e responsáveis que a equipe de autores preparou cinco volumes da coleção *Crescer em Comunhão* a fim de, assim, contribuir na realização para a catequese com as famílias.

Cada volume apresenta uma proposta de encontros com as famílias, acompanhando o itinerário catequético das crianças e adolescentes. Embora eles complementem a coleção *Crescer em Comunhão*, seu conteúdo permite que sejam utilizados para realizar a catequese familiar em diferentes realidades, sejam daquelas que adotam a coleção *Crescer em Comunhão* ou não, pois os volumes foram pensados para oferecer uma catequese aos pais com o objetivo de que se formem na fé e fortaleçam a espiritualidade familiar. Os encontros foram desenvolvidos de maneira que possam ser realizados pelos catequistas ou pelas próprias famílias reunidas. Nossos votos são de que esses volumes enriqueçam a formação das famílias e auxiliem para que possam assumir a educação na fé de seus filhos e filhas e, desse modo, contribuam com a missão da catequese de ajudar a formar discípulos missionários.

Agradecemos o empenho de cada catequista e das famílias para que possam realizar uma catequese cada vez mais querigmática e mistagógica. Que a Sagrada Família abençoe cada lar, cada pai, mãe, filho e filha. Que possamos fortalecer nossa fé e contribuir para "tornar o Reino de Deus presente no mundo" (EG, n. 176).

Débora Regina Pupo
Coordenadora da Animação Bíblico-Catequética
Regional Sul 2/CNBB

Introdução

A fé é um dom de Deus, uma graça que dele recebemos, porque Ele é infinitamente bom e ama cada um de nós como um filho predileto. Como semeador zeloso, Ele planta a semente da fé em nosso coração, sem nada nos pedir, apenas porque nos ama. Contudo, Deus espera que essa semente seja acolhida por cada um de nós e cuidada com zelo, amor e confiança para crescermos na consciência dos valores cristãos e para sermos testemunhas autênticas do Amor.

A fé é, também, resposta livre da pessoa humana ao amor de Deus. E assim, como não podemos dar a vida a nós mesmos, não podemos nos dar a fé ou crer sozinhos. Nós recebemos a fé de algumas pessoas e devemos transmiti-la a outras. E quando acolhemos o amor de Deus e reconhecemos sua presença em nós, nosso amor-resposta nos move a falar aos outros sobre a nossa fé, sobre em quem colocamos a nossa fé: "*É o Senhor quem sustenta a minha vida!*" (Sl 53).

A CATEQUESE EDUCA NA FÉ

A catequese é uma educação da fé das crianças, dos jovens e dos adultos, a qual compreende especialmente um ensino da doutrina cristã, dado em geral de maneira orgânica e sistemática, com fim de os iniciar na plenitude da vida cristã (CT, n. 18).

Catequese é educação na fé, supostamente ensinada e vivenciada em casa, pelos pais, pelas mães e por toda a família. Ao ingressar na catequese paroquial, a criança irá aprofundar o que foi recebido da família, com ensinamentos essenciais não só da doutrina, como também da vida. Essa educação na fé acontece mediante um processo ao mesmo tempo pessoal e comunitário, sistemático, permanente e dinâmico (cf. DNC, n. 233).

A catequese é um dos meios pelos quais Deus continua a se manifestar às pessoas. O catequista anuncia Jesus Cristo, fiel à sua Palavra e à sua mensagem, e, como um profeta contemporâneo, faz ecoar a Palavra em sua comunidade, tornando-a compreendida para ser vivenciada. O catequizando, assim, é ajudado a conhecer, acolher, celebrar e vivenciar o mistério de Deus, manifestado em Jesus Cristo, que nos revela o Pai e nos envia o Espírito Santo. Também, é guiado para estar em comunhão com a Igreja e a participar em sua missão (cf. ClgC, n. 426-429).

A FAMÍLIA TESTEMUNHA A FÉ

A família cristã, em toda a história, tem sido chamada a ser a grande educadora na fé, com a missão de ser uma "Boa-nova" capaz de despertar esperança. Para cumprir essa missão, os pais transmitem a fé aos filhos na simplicidade da vida diária.

É senso comum que a família é fundamental em todos os processos formativos de crianças ou adolescentes, porque mães e pais são referenciais importantes no amadurecimento dos filhos. Portanto, a família é também a primeira responsável pela educação na fé de seus filhos. Pais e mães que experimentam o amor de Deus – e que procuram testemunhar esse amor – ajudam seus filhos, com atitudes e gestos, a fazerem, também, essa experiência. A forma como os pais falam de Deus para seus filhos é a primeira catequese e seu despertar para a vida cristã. Quando a criança percebe que a família vive a partilha, a comunhão e o amor, irá, certamente, na catequese na comunidade, compreender melhor a imagem de Deus como um Deus partilha, comunhão e amor (*Sou Catequista*, 2015).

Olhando para Maria e José, vemos um casal profundamente confiante em Deus, com uma fé firme e corajosa, pois, mesmo não entendendo totalmente o que poderia acontecer, eles disseram sim a Deus. Suas dúvidas e medos não impediram que se comprometessem com Deus e com toda a humanidade. O que nos ensinam Maria e José? Que devemos dar também o nosso sim, assumindo um compromisso firme com Deus e com as pessoas, procurando ouvir e compreender o que Ele nos diz. Eles nos ensinam, ainda, a procurar fazer das nossas famílias espaços de partilha, de respeito mútuo, de fidelidade, de amor e de compromisso com a fé.

CATEQUESE E FAMÍLIA

> Os pais são os primeiros responsáveis pela educação de seus filhos na fé, na oração e em todas as virtudes. Eles têm o dever de prover, na medida do possível, as necessidades físicas e espirituais de seus filhos (CIgC, n. 2252).

No início da Igreja, sem templos cristãos e sem as estruturas pastorais de hoje, os cristãos reuniam-se nas casas, onde os discípulos anunciavam a Boa-nova de Jesus Cristo. Esses encontros celebrativos transformavam a vida das famílias, que se tornavam verdadeiras transmissoras do Evangelho e dos valores cristãos. Nos lares, os ensinamentos de Jesus eram passados de uma geração a outra com a força do testemunho.

O Papa Francisco afirmou que a família não pode desistir de ser apoio, acompanhamento e guia dos filhos (cf. AL, n. 260), mas precisa insistir em ser o lugar onde as razões e a beleza da fé, a oração e o serviço ao próximo são ensinados no dia a dia (cf. AL, n. 287). Os exemplos, os testemunhos e a presença dos pais, tal como na Igreja nascente, permanecem indispensáveis para o amadurecimento na fé dos seus filhos.

Hoje, não podemos ignorar os muitos desafios que as famílias enfrentam. Porém, mesmo em meio a tantas dificuldades, cabe ainda à família iniciar a caminhada de fé dos seus filhos (cf. DNC, n. 238). Se ela é responsável por acompanhar sua vida escolar e sua educação integral, de maneira semelhante ela tem a responsabilidade de acompanhar sua educação na fé, isto é, seu caminho na catequese.

Vale mencionar que a fé transmitida pelas famílias aos seus filhos não é uma fé particular: é a fé da comunidade-Igreja. Por isso, podemos afirmar que a catequese é tarefa da comunidade eclesial – da qual os pais são parte e, portanto, também responsáveis. Se nas famílias acontece a primeira experiência de Deus, a catequese paroquial avança no processo de educação da fé oferecendo experiências de Igreja e de fé celebrada e vivida, além de conduzir à vida na comunidade.

Em síntese, família e catequese têm uma missão comum: educar para os valores essenciais da vida. Famílias e catequistas devem atuar juntos, cada um fazendo a sua parte no processo de educação da fé das crianças, adolescentes e jovens. Por isso, a Igreja percebe a necessidade de motivar as famílias para que se comprometam à colaborar efetivamente com a catequese de seus filhos. Não é exagero afirmar que toda a família deve ser envolvida no processo da catequese para que, juntos, filhos, pais, famílias e comunidade amadureçam a fé e experimentem com alegria e amor a presença de Jesus em suas vidas, especialmente pela Eucaristia. Os encontros com pais, ao longo do processo catequético, tornam-se ocasiões preciosas para interação, reconhecimento e incentivo às famílias quanto à sua missão de ser berço da fé.

No entanto, as famílias precisam ter consciência de que catequese não é um evento ocasional ou temporário, que visa apenas preparar para os sacramentos. Na verdade, a catequese é um processo permanente, isto é, para a vida toda, e a família deverá acompanhar essa caminhada. Por isso, a participação ativa na catequese dos filhos, uma prática religiosa constante, uma vida de oração e um engajamento em atividades sociotransformadoras da comunidade contribuem para formar adultos maduros na fé e para despertar a empatia pelo próximo.

Por fim, é importante mencionar que a Igreja precisa acolher e cuidar das famílias, qualquer que seja sua situação, e inseri-las no processo catequético dos seus filhos, ajudando-as a se aproximarem da comunidade. A participação efetiva das famílias na catequese (ou seja, em todas as atividades e eventos promovidos pela Pastoral Catequética na paróquia) contribui para despertar e amadurecer um senso de comunidade e de pertença.

SOBRE AS CELEBRAÇÕES E OS ENCONTROS CELEBRATIVOS

Celebrar é essencial para o ser humano; é um jeito de expressar e não deixar esquecer o significado daquilo que é celebrado – acontecimentos, pessoas, datas. Celebramos as coisas importantes e, por isso, elas não são esquecidas. Celebrar é isso: tornar célebre, experimentar e mostrar que algo é tão importante que não pode ser esquecido. Celebramos a vida e nosso Deus, seu amor infinito por nós e seu projeto de salvação para toda a humanidade (Calikoski et al., 2023).

As celebrações têm grande importância no âmbito da catequese: sem dúvida, uma catequese celebrativa ajuda a descobrir e sentir a beleza do encontro com o Senhor. Se a catequese conduz ao Mistério de Deus, o sentido desse mistério precisa alcançar a pessoa; assim, tudo na celebração deve contribuir para que ela seja tocada pelo Mistério e faça uma experiência marcante de fé: não há como enraizar o que é motivo de reflexão sem que haja interiorização, agradecimento ou louvor.

> As celebrações na catequese são meios para experimentar a graça divina na simplicidade da flor, na luz da vela, no perfume do incenso, no gesto de ajoelhar-se, na cruz que revela o amor, no refrão de um canto que renova a esperança... Todos esses elementos, sob a forma do simbólico, configuram nossa identidade cristã e conservam a verdade histórica da salvação, que fundamenta o rito, e são muito valiosos no dia a dia da catequese (Calikoski et al., 2023).

Em nossas relações interpessoais precisamos de comunicação e a comunicação precisa de sinais, gestos, objetos e ações significativas. Não é carregado de significado o toque dos pais e mães em seu bebê recém-nascido, que se sentem, assim, mais próximos? O gesto não apenas comunica afeto, mas contribui para formar uma "história" que vai marcando o relacionamento. Assim também é nossa relação com Deus. Olhando para a Escritura Sagrada, vemos que a experiência de Deus é, quase sempre, mediada por sinais, símbolos, gestos ou objetos. Foi assim com Moisés diante da sarça ardente (cf. Ex 3,2), no conforto a Elias no pão e na brisa (cf. 1Rs 19,7.12), na bacia e na água no lava-pés (cf. Jo 13,1-17) ou no toque de Tomé nas mãos e no lado do Senhor (cf. Jo 20,27). Por isso a importância da dimensão celebrativa na catequese que, com seus sinais, símbolos e gestos, colabora para que o Mistério celebrado seja, de fato, interiorizado pelos catequizandos.

Não é exagero afirmar que comunicamos mais sobre os mistérios divinos por meio de sinais, símbolos ou gestos do que falando sobre eles. Por isso, cada celebração deve ser baseada na vida (confrontando vida e fé), centrada na Palavra de Deus e enriquecida por sinais e símbolos, recorrendo a gestos e cantos, ao silêncio e a tudo o que possa colaborar para interiorizar a mensagem. Por exemplo: na catequese, ao falarmos sobre a travessia do Mar Vermelho, narramos a ação de Deus em favor do seu povo, separando as águas do mar para permitir sua passagem. Podemos entender o "nosso Mar Vermelho" como as dificuldades que enfrentamos na vida e que Deus nos ajuda a superar. Nesse contexto, podemos cantar: "se as águas do mar da vida quiserem te afogar, segura na mão de Deus e vai..." Com as palavras do canto colocamos nossa vida na Escritura Sagrada e sentimos a proximidade de Deus: o canto, em um momento celebrativo, ajuda-nos a a tomarmos posse do Mistério divino!

COLEÇÃO CRESCER EM COMUNHÃO COM AS FAMÍLIAS

Para enfrentar os desafios presentes nas diferentes realidades atualmente, tendo em vista fortalecer a caminhada catequética de crianças e adolescentes e evangelizar suas famílias, esses volumes da coleção *Crescer em Comunhão* são dirigidos às famílias. O objetivo é ambicioso: transformar a vida das famílias dos catequizandos, motivando-as a fazerem experiências da Palavra de Deus, de forma celebrativa, para que sejam reanimadas na vivência da fé e descubram o prazer da convivência comunitária.

O destaque está em propor uma catequese querigmática e mistagógica. Querigmática, isto é, com o foco em Jesus Cristo, que é apresentado com entusiasmo e como alguém sempre muito próximo da vida concreta das famílias; cada tema foi escolhido para favorecer o encontro pessoal com Jesus Cristo. Mistagógica, ou seja, capaz de conduzir ao Mistério de Deus; por isso, os encontros com pais e responsáveis precisam ser orantes e celebrativos, levando ao encontro com a Pessoa de Jesus Cristo.

Estes volumes têm por base o itinerário catequético definido pela coleção *Crescer em Comunhão*; portanto, são apresentados cinco volumes, cada um deles com encontros sugeridos com pais e responsáveis, que, por sua vez, poderão participar de uma experiência de catequese e acompanhar a caminhada dos catequizandos. A mensagem a ser comunicada é sempre a Boa-nova anunciada por Jesus Cristo, da qual o catequista é porta-voz. Cada tema escolhido está relacionado à realidade da vida das famílias, para que descubram (ou redescubram) como viver sua fé.

ORIENTAÇÕES METODOLÓGICAS

OS TEMAS NESTE VOLUME

Iniciamos mais uma etapa de encontros e convivências entre famílias. Reunimo-nos para a integração no processo da educação da fé dos filhos, pois, os familiares, ao acompanharem os catequizandos no despertar e amadurecer da fé, demonstram o amor que têm por eles e investem numa herança capaz de gerar valores familiares, morais e éticos.

Cada encontro de catequese é um momento de se revelar fatos e experiências do conteúdo de nossa fé. A comunidade com seus catequistas e familiares, unidos pelo compromisso da educação permanente da fé, proporcionam condições para a experiência pessoal de encontro com Jesus.

Ao longo deste volume teremos quatro momentos de encontros, mais voltados à primeira pessoa da Santíssima Trindade – Deus Pai:

- **Deus se manifesta à humanidade** – Os familiares serão motivados a perceber a presença do amor de Deus na vida das pessoas, na natureza e nos acontecimentos, ajudando-os a reconhecer que é dessa forma que Ele se comunica conosco. No decorrer das reflexões, destaca-se como é possível amar tudo o que foi criado por Deus, descobrindo-se como imagem e semelhança dele ouvindo seu chamado a colaborar na obra da criação e cuidar dela.

- **Deus faz aliança com seu povo** – Na caminhada do seu povo, Deus faz várias alianças. Uma delas é aliança com Moisés e o povo. Moisés recebeu de Deus os Dez Mandamentos, o Decálogo, com as suas dez palavras de amor, que são indicações concretas para que sejamos capazes de sair do deserto do nosso "eu", fechados em nós mesmos, para entrar em diálogo com Deus, deixando-nos abraçar por sua misericórdia. Seguir os Dez Mandamentos significa que devemos ser fiéis a nós mesmos, à nossa natureza mais autêntica, e caminhar rumo à liberdade genuína que Jesus ensinou. Neste encontro, realizaremos a celebração de entrega dos mandamentos, destacando a importância que a Lei de Deus deve ter na vida da família. São marcos que indicam o caminho do bem-viver na família, na comunidade e na sociedade.

- **O novo mandamento do amor** – Jesus conhecia todas as palavras do Antigo Testamento e conhecia os Dez Mandamentos. Sabia da situação de opressão e de falta de liberdade em que a comunidade se encontrava. Um dia, lhe perguntaram "Qual é o maior mandamento da Lei?", e Ele respondeu: "Amarás o Senhor, teu Deus, com todo o teu coração, com toda a tua alma e com toda a mente. Esse é o maior mandamento, e o segundo é: 'Amarás o próximo como a ti mesmo'. Desses dois mandamentos dependem toda a Lei e os Profetas" (Mt 22,36-40). Jesus resumiu todo o Antigo Testamento em dois mandamentos: amar a Deus e ao próximo. Jesus nos orienta a viver o amor em sua plenitude e em atenção a Deus, ao próximo, a nós mesmos e à criação. É o novo mandamento do amor: amar a Deus e ao próximo. Jesus nos diz que o amor a Deus não existe sozinho, pois somente se realiza no amor ao próximo. Deus nos ama sem limites, e Jesus nos pede que amemos nossos irmãos da mesma maneira.

- **Somos chamados a ser profetas** – Por meio dos profetas, Deus forma seu povo na esperança da salvação e na expectativa de uma aliança nova e eterna destinada a toda a humanidade, que será impressa em seus corações. Os profetas anunciam uma redenção radical do povo de Deus, a purificação de todas as suas infidelidades, uma salvação que incluirá todas as nações. Pelo Sacramento do Batismo, somos configurados na tríplice missão de Jesus, isto é, como sacerdote, como profeta e como rei. Mas o que é ser profeta hoje? Ser escolhido e enviado por Deus para exercer uma missão orientada. O profeta não se torna autônomo, no sentido de proferir o que deseja, o que lhe agrada, ou aquilo que os ouvintes desejam escutar, mas é alguém imbuído do Espírito de Deus para falar das coisas a partir do Senhor. Com coragem e muita fé, movidos pelo Espírito do Senhor, mostremos ao mundo aquilo que é a plenitude do ser humano, isto é, a comunhão com a Palavra de Deus, na qual encontramos a luz que ilumina todo o nosso ser e a nossa história, sendo profetas.

Percorrer com as famílias este itinerário será uma oportunidade para crescimento e valorização das famílias. O ritmo de vida que levamos, tantas vezes frenético, atrapalha a vida familiar. É uma situação muito importante, porque ninguém – nem nós, como indivíduos, nem a sociedade – pode prescindir da família. Como diz o Papa Francisco, as famílias "não são um problema, são, sobretudo, uma oportunidade" (cf. AL, n. 7)[1].

Em nossas famílias, aprendemos coisas que permanecerão conosco durante toda a nossa vida. É nela que os nossos valores são formados e, acima de tudo, é o lugar onde descobrimos pela primeira vez o amor, com nossos pais e irmãos, como reflexo do amor de Deus. Amarmos e sermos amados nos torna mais humanos e nos ajuda a reconhecer o amor de Deus que Jesus nos revelou. Vivamos esse amor em nossas famílias, unindo-nos em oração[2].

---

[1] Para assistir: AS NOSSAS FAMÍLIAS – O vídeo do Papa 7. [S.l.: s.n.], 2020. 1 vídeo (1min). Publicado pelo canal O vídeo do Papa. Disponível em: https://www.youtube.com/watch?v=IBfoQw5v9vk. Acesso em: 15 maio 2024.

[2] Para assistir: AS FAMÍLIAS, UM LABORATÓRIO DE HUMANIZAÇÃO – O vídeo do Papa 8. [S.l.: s.n.], 2019. 1 vídeo (1min). Publicado pelo canal O vídeo do Papa. Disponível em: https://www.youtube.com/watch?v=tT4SjiFEvtA. Acesso em: 15 maio 2024.

A ORGANIZAÇÃO DOS ENCONTROS

Para participar dos encontros é importante conhecer e entender sua organização e o sentido de cada um dos momentos propostos. Neste volume, os encontros estão assim organizados:

Objetivo

Ajuda a compreender o que se quer a partir das reflexões propostas; é importante conhecer o objetivo do encontro para fazer com que ele seja, de fato, alcançado.

Recursos

Indica a relação do que é sugerido para o desenvolvimento do encontro.

Ambientação

Oferece sugestões e orientações para organizar o espaço de maneira adequada ao desenvolvimento do encontro, favorecendo a interiorização das reflexões e o encontro pessoal com Jesus Cristo.

Texto introdutório

Apresenta as ideias essenciais acerca do tema de cada encontro e pistas para a reflexão sobre o texto bíblico proposto. Para os familiares, esse texto introdutório irá ajudá-los a conhecerem e a aprofundarem o tema proposto; para os catequistas-animadores, será um subsídio para ajudá-lo no desenvolvimento do encontro.

Momento celebrativo

Organizado de maneira a favorecer uma dinâmica orante; é composto de:

Orações

Realizadas ao longo do encontro, motivando ou interiorizando reflexões, atividades e vivências.

Reflexões dialogadas

Desenvolvidas a partir de acontecimentos da vida e de um texto bíblico inspirador, em um grande diálogo entre os participantes.

Cantos

Propostos como meios para interiorizar as reflexões e orações do encontro.

A Palavra de Deus ilumina nosso encontro

Leitura e reflexão sobre um texto bíblico que ajuda a perceber a realidade da vida em família e favorece a troca de experiências entre os participantes.

Fé e vida – uma tarefa para a família

Apresenta uma proposta de leitura bíblica e uma pergunta inspiradora para iluminar a reflexão e o diálogo da família após o encontro, em casa.

1

Deus
se manifesta à humanidade

☆ Objetivo

Reconhecer que Deus criou o universo, com sabedoria e amor, e a pessoa humana, à sua imagem e semelhança.

📱 Recursos

- Uma Bíblia, uma vela, frutas, flores, ramos, sementes, um pedaço de tecido ou TNT marrom, uma foto ou imagem de um acontecimento (nascimento, aniversário, casamento).

- Uma foto ou imagem de pessoas ajudando outras pessoas e material da dinâmica (vela, copo e fósforo).

- Escrever as seis frases abaixo em papéis pequenos para que os grupos possam tê-las em mãos:

> 1. É preciso nos esforçar para mudar nossos valores consumistas, hábitos e comportamentos que provocam a poluição e atitudes predatórias com o meio ambiente.
>
> 2. O aquecimento global e as mudanças climáticas em curso não são um desastre natural, pois foram causados pelos seres humanos.
>
> 3. Quando vamos ao supermercado, já conseguimos evitar a compra de produtos descartáveis, como copos, garrafas e pratos.
>
> 4. O ser humano não consegue harmonizar-se e sensibilizar-se com a natureza, apenas explorá-la.
>
> 5. O planeta é um mero fornecedor de matéria-prima que sustenta as necessidades humanas. Nesse sentido, o desenvolvimento é bem-visto, mas as pessoas, sobretudo as mais abastadas, não se mostram dispostas às mudanças de hábito.
>
> 6. Aprendemos a colocar o lixo no lugar certo e isso evita o uso do dinheiro de impostos com limpeza. Assim, nossos rios, riachos e praias estão sendo menos poluídos.

✿ Ambientação

Colocar em uma mesa com toalha a Bíblia, uma vela e as flores. Na frente, no chão, colocar o tecido marrom e, sobre ele, as frutas, ramos, sementes e as fotos ou imagens.

*E*mbora as principais formas de comunicação humana sejam as palavras, os gestos e os acontecimentos também fazem parte da nossa linguagem. Deus se revelou e se doou aos homens por amor, comunicando-lhes seu próprio mistério. Para comunicar-se com os homens, Ele usou palavras e ações, formas de comunicação que se iluminam mutuamente. Segundo sua pedagogia divina, Deus comunicou-se de forma gradual com o ser humano, preparando-o, ao longo da história, para acolher a revelação que faz de si mesmo e que culmina na pessoa e na missão de Jesus Cristo.

Deus quer comunicar sua própria vida divina aos homens para fazer deles filhos adotivos. Revelando-se, Deus quer tornar os homens capazes de responder ao seu amor, de conhecê-lo e de amá-lo muito além do que poderiam sozinhos. No desígnio de Deus, homem e mulher são convocados a viver em comunhão com Ele, entre si e com toda a criação. Por isso, Deus confia ao ser humano o cuidado com sua criação (cf. Gn 2,15).

A Sagrada Escritura e a Sagrada Tradição da Igreja afirmam que Deus cria de modo único: só Ele cria a partir do nada, apenas pelo poder da Palavra. Portanto, é de fundamental importância para a nossa existência o reconhecimento da finalidade de Deus ao criar todas as coisas.

Nesse seu amor, Deus criou tudo o que é visível e invisível, e toda criação foi feita com sabedoria e bondade. Apesar da grandeza de todas as coisas, a criação foi realizada por Deus, ao mesmo tempo, para a nossa felicidade. De fato, a criação toda foi feita no e por meio do Verbo eterno, organizada e destinada em vista da comunhão dos seres humanos com Deus.

O ser humano é o cume da criação. A narração bíblica exprime isso, distinguindo nitidamente a gênese do ser humano daquela das outras criaturas. O homem e a mulher coroam o conjunto da criação e recebem a missão de cuidar de todo o universo, em vista de dar continuidade à obra de Deus, que caminha rumo à perfeição. Sobretudo, o ser humano é imagem de Deus, sua semelhança.

No entanto, apesar da superioridade dos seres humanos na criação, nada que foi criado está isolado. Pelo contrário, tudo se complementa e está ordenado à glória de Deus.

A revelação plena de Deus acontece em Jesus Cristo, Filho de Deus, em quem é estabelecida a aliança eterna entre Deus e os seres humanos. O Filho é a Palavra definitiva do Pai, pois depois dele não há outra revelação. Deus quis revelar-se e tornar conhecida sua vontade, pela qual os seres humanos, por intermédio de Jesus e no Espírito Santo, têm acesso ao Pai. Em seu amor, Deus fala aos seres humanos como a amigos e os convida à comunhão consigo.

Deus comunica-se com o ser humano falando de maneira clara para quem quer ouvi-lo, mas precisamos estar atentos para ouvir o que Deus nos fala pela natureza, pelos acontecimentos e pela vida das pessoas[3].

---

3 Para aprofundar o assunto, é possível encontrar, no site do Movimento *Laudatto Si'*, uma síntese da Carta Encíclica *Laudato Si'*, do Papa Francisco, que fala sobre o cuidado da casa comum. Disponível em: https://laudatosimovement.org/pt/news/o-melhor-resumo-da-laudato-si/. Acesso em: 20 maio 2024.

Momento celebrativo

ACOLHIDA

Animador – Sejam todos bem-vindos ao nosso grupo de familiares da catequese. Que alegria podermos estar juntos mais uma vez para rezar, cantar e refletir sobre a fé e a vida. Nesse espírito de união que nos motiva, vamos invocar a Santíssima Trindade presente em nosso meio:

Todos – Em nome do Pai e do Filho e do Espírito Santo. Amém.

CONVITE À ORAÇÃO

Animador – O encontro de hoje tem um tema muito importante, pois vamos refletir sobre a manifestação de Deus para a humanidade, ou seja, sobre como Deus se comunica conosco. Peçamos sobre nós o Espírito Santo de Deus.

Todos – Vinde, Espírito Santo...

Animador – Deus não se manifesta escondido e fala claramente para quem quer ouvi-lo. Deus se comunica conosco de muitas formas. Vamos refletir sobre algumas delas.

Canto: Fala, Senhor[4].

---

[4] FALA, SENHOR, QUE TE ESCUTA TEU SERVO. [S. l.: s. n.], 2023. 1 vídeo (1min20). Publicado pelo canal Cantos do Hinário Litúrgico da CNBB. Disponível em: https://www.youtube.com/watch?v=93NHJ1nqyg0. Acesso em: 2 abr. 2024.

Animador – Deus se manifesta pela natureza.

(Contemple as flores, as frutas e as sementes dispostas na ambientação.)

Leitor 1 – A natureza nos fala da beleza e da grandeza de Deus. No Livro dos Salmos, o salmista aponta que os céus dão continuamente testemunho de Deus, sem qualquer comunicação verbal:

> Os céus narram a glória de Deus, e o firmamento proclama a obra de suas mãos. Um dia a outro dia transmite a mensagem, uma noite a outra noite comunica a notícia. Sem discurso e sem palavras, sem que se ouça sua voz, por toda a Terra se estende seu eco, e até os confins da Terra sua fala (Sl 19,2-5).

Todos – Obrigado, Senhor, pela natureza que reflete seu amor e bondade.

Animador – *Deus se manifesta nos acontecimentos.*

(Contemple as imagens de acontecimentos que ambientam o espaço.)

Leitor 2 – Ter atenção aos fatos, capacidade de querer bem, de enfrentar o sofrimento, de acolher e de perdoar. Tudo isso nos faz enxergar além e nos faz perceber Deus, que nos fala e nos alerta para uma nova atitude de vida.

Todos – Obrigado, Senhor, pelos acontecimentos que me fazem sentir sua presença.

Animador – *Deus se manifesta pela vida das pessoas.*

(Contemple as imagens das pessoas na ambientação.)

Leitor 3 – As pessoas que nos ajudam com afeto, nos animam, revelam o rosto escondido de Deus, seu amor, o seu carinho, para cada um de nós.

Todos – *Obrigado, Senhor, pelas pessoas que, com gestos solidários, transmitem o seu amor e bondade.*

Canto: *Fala, Senhor[5].*

 ## COMPREENDER PARA AMAR

Animador 1 – Neste encontro, vamos aprofundar o que Deus quer nos manifestar hoje mediante a sua criação. Queremos experimentar a alegria de sentir que o mundo, nossa Casa Comum, é o lugar onde Deus fez sua morada. A criação toda se alegra em Deus, que viu que tudo era bom... muito bom.

Animador 2 – Neste momento, somos convidados a observar em silêncio cada detalhe da experiência que será realizada.

(Alguém deve colocar uma vela sobre a mesa e acendê-la cuidadosamente, deixando-a queimar por alguns segundos. Em seguida, deve pegar um copo ou um vidro transparente e, cuidadosa e lentamente, colocá-lo sobre a vela, deixando-o sobre ela.)

Animador 1 – Vamos manifestar o que cada um sentiu ou observou ao acompanhar a experiência.

- Por que a vela apagou?
- O que aconteceria com as pessoas, com os animais e com as plantas se não houvesse ar?

(Reserve tempo para que respondam e comentem suas experiências.)

---

5   FALA SENHOR, QUE TE ESCUTA TEU SERVO. [S.l.: s.n.], 2023. 1 vídeo (1min20). Publicado pelo canal Cantos do Hinário Litúrgico da CNBB. Disponível em: https://www.youtube.com/watch?v=93NHJ1nqyg0. Acesso em: 2 abr. 2024.

Animador 2 – Todos nós desejamos viver num mundo melhor, onde exista paz, fraternidade, harmonia e o cuidado com o espaço ecológico. Ninguém de nós vive nas nuvens. Todos pensamos e andamos sobre uma mesma superfície. A Terra é um planeta com condições adequadas para o ser humano se desenvolver, porque tem os elementos necessários para a sua sobrevivência.

Animador 1 – Precisamos nos perguntar: amo a vida que tenho? Amo tudo o que o planeta Terra me oferece, sem explorá-lo? Sem destruí-lo? Se queremos um planeta verdadeiramente preservado, não basta apenas lutar contra poluidores e depredadores. É preciso lutar para sermos menos consumistas, deixar de lado hábitos e atitudes que provocam desperdício e poluição. Não basta amar as flores, as plantas, os animais, mas maltratar e desrespeitar os nossos semelhantes.

Animador 2 – É importante que nossas ações sejam envolvidas por uma consciência ambiental correta, nos esforçando para colocar em prática o mandamento do amor: "Amai-vos uns aos outros como eu vos amei" (Jo 10,10).

Animador 1 – Vamos continuar refletindo. Para isso, formaremos seis grupos. Cada um refletirá sobre uma das frases que serão distribuídas e sobre as questões, relacionando-as. Depois, irão compartilhar com os demais grupos a sua reflexão. Estes, por sua vez, poderão emitir suas compreensões sobre a frase, ampliando as percepções.

- Concordam ou discordam com o que é dito na frase? Por quê?
- O que existe por trás dessa frase?

  1. É preciso nos esforçar para mudar nossos valores consumistas, hábitos e comportamentos que provocam a poluição e atitudes predatórias com o meio ambiente.
  2. O aquecimento global e as mudanças climáticas em curso não são um desastre natural, pois foram causadas pelos seres humanos.

3. Quando vamos ao supermercado, já conseguimos evitar de comprarmos produtos descartáveis, como copos, garrafas e pratos.
4. O ser humano não consegue harmonizar-se e sensibilizar-se com a natureza, apenas explorá-la.
5. O planeta é um mero fornecedor de matéria-prima que sustenta as necessidades humanas. Nesse sentido, o desenvolvimento é bem-visto, mas as pessoas, sobretudo as mais abastadas, não se mostram dispostas às mudanças de hábito.
6. Aprendemos a colocar o lixo no lugar certo e isso evita o uso do dinheiro de impostos com limpeza. Assim, nossos rios, riachos e praias estão sendo menos poluídos.

Animador 2 – Vamos assistir um pequeno vídeo que fala sobre o respeito pela criação[6].

A PALAVRA DE DEUS ILUMINA NOSSO ENCONTRO

Animador – Cada um é convidado a, sentado e sem nada no colo, escolher uma posição corporal que o deixe relaxado. Mantenha os pés apoiados no chão, as mãos abertas e apoiadas, sem pernas, pés ou dedos das mãos cruzados. Busque acalmar a mente e o coração, colocando o foco em Deus. Nesse momento, procure respirar percebendo o ar novo que Deus insufla a cada momento e o ar que sai, entregando a Ele tudo o que aprisiona e pesa em você. Perceba o compasso das batidas do coração, acolha os sons próximos, depois os mais distantes. A vida pulsa ao redor, mas, agora, você e Deus estão a sós e não há outra coisa mais importante a fazer.

---

6 RESPEITO PELA CRIAÇÃO – O vídeo do Papa. [S.l.: s.n.], 2016. 1 vídeo (1min25). Publicado pelo canal O vídeo do Papa. Disponível em: https://www.youtube.com/watch?v=gcxYgjFuTK4. Acesso em: 10 abr. 2024.

Canto de Aclamação: *Luz do Senhor* (Frei Luiz Turra)[7].

(Durante o canto de aclamação, retire a Bíblia que está sobre a mesa, pois dela será proclamada a Palavra; se for necessário, o texto já pode estar indicado com um marcador de página. Ler o texto pausadamente, dando ênfase nas palavras e nas frases.)

Leitura do Livro do Gênesis – Gn 1,2-31.

Leitor – Palavra do Senhor.

Todos – *Graças a Deus!*

Animador 1 – Façamos um momento de silêncio refletindo sobre o que ouvimos, pensando sobre os questionamentos que o texto nos motiva a fazer:

- O que diz o texto em relação ao que estamos refletindo no dia de hoje?
- Que sentimentos afloram em nós sobre as maravilhas que Deus criou?
- O que o texto diz para mim hoje?
- Que versículo mais me comoveu?

Animador 2 – Vamos nos dedicar a fazer a nossa oração pessoal, procurando dialogar com Deus a partir das seguintes perguntas:

- O que o texto me leva a dizer a Deus?
- Pensando na nossa realidade familiar, como podemos cuidar melhor da criação?

(Reserve um tempo para esse momento, podendo estimular a inspiração com o uso de uma música instrumental.)

---

7   FREI LUIZ TURRA – Luz do Senhor. [S.l.: s.n.], 2016. 1 vídeo (4min31). Publicado pelo canal Paulinas–COMEP. Disponível em: https://www.youtube.com/watch?v=eK8iGnXsuL8. Acesso em: 10 abr. 2024.

Animador 1 – Espontaneamente, vamos expressar nosso agradecimento louvando a Deus pela sua Criação que tanto nos beneficia. Após cada louvor, dizemos:

Todos – *Obrigado, Senhor!*

Animador 2 – *Louvamos a Deus pela água que nos sacia e nos restabelece.*

(Os familiares devem fazer seus louvores.)

Animador 1 – Quando temos contato com a Palavra de Deus, sempre somos motivados a refletir sobre uma atitude importante para as nossas vidas. Que cada familiar seja despertado para vivenciar essa Palavra que ouvimos e refletimos nesse encontro também durante a semana. Para isso, as perguntas motivadoras nos ajudarão, as quais cada um procurará responder para si mesmo:

- Qual meu novo olhar a partir da Palavra?
- Como podemos cuidar melhor do mundo em que vivemos?

 ORAÇÃO FINAL

Animador 1 – Neste momento cada um poderá escolher uma das figuras espalhadas na ambientação da sala e partilhar espontaneamente com o grupo a visão que teve de Deus ao ver uma das imagens.

Animador 2 – Com os símbolos que representam alguns elementos da criação, somos motivados a rezar. Vamos pedir a Deus que nos ajude a perceber mais sua comunicação no mundo de hoje. A cada prece, responderemos: *Ajuda-nos a perceber tua presença no meio de nós.*

Todos – *Ajuda-nos a perceber tua presença no meio de nós.*

Leitor 1 – Senhor, a árvore nos dá o oxigênio; com ela, falas de doação. Que saibamos cada vez mais doar-nos aos outros.

Leitor 2 – Senhor, as flores enfeitam o mundo; com elas, falas da beleza. Que saibamos mostrar a tua beleza para os outros.

Leitor 3 – As abelhas trabalham incansavelmente; com elas, falas do esforço do trabalho de construir tua obra da criação. Que possamos ser construtores de um mundo melhor.

Leitor 4 – A água nos sacia; com ela falas de vida. Que cada vez mais possamos ser mensageiros de vida em tantos sinais de morte onde vivemos.

Animador 1 – Rezemos a oração do Pai-nosso, colocando nas mãos de Jesus nosso propósito de caminhada ao longo desse ano. Rezemos também na intenção das famílias de nossa comunidade.

Todos – *Pai nosso...*

Animador 2 – Voltai para nós, Senhor, o vosso olhar. Concedei-nos a graça de viver e crescer em comunhão com o vosso Filho, Jesus, na unidade do Espírito Santo.

Todos – *Amém!*

Animador 1 – Pai querido, és fonte de todas as coisas boas que existem neste mundo. Orientai e acompanhai nosso trabalho para que os nossos pensamentos, palavras e ações tenham em ti o seu início, sejam por ti acompanhados e recebam de ti o seu acabamento. Por Cristo nosso Senhor.

Todos – *Amém!*

Animador 2 – *Louvado seja nosso Senhor Jesus Cristo!*

Todos – *Para sempre seja louvado. Em nome do Pai e do Filho e do Espírito Santo.*

 ## FÉ E VIDA – UMA TAREFA PARA A FAMÍLIA

Animador 1 – Há uma importância do trabalho conjunto da família e da catequese, pois as crianças precisam desse referencial de que os pais ou responsáveis validam as propostas apresentadas para o seu processo de educação da fé. A partir do que refletimos, partilhamos e rezamos: qual é o compromisso que assumimos?

Apresentamos algumas sugestões com maneiras viáveis que nem chegam a exigir grandes sacrifícios para que cada um possa dar sua contribuição:

- Utilizar bolsas e sacolas de algodão para carregar compras.

- Consumir produtos locais: o transporte de produtos que vêm de longe consome combustíveis fósseis, que aumentam o efeito estufa.

- Utilizar melhor os eletrodomésticos: desligar o computador e a televisão quando não estão sendo utilizados. O modo *stand-by* consome energia, portanto, polui.

- Escovar os dentes, mas com inteligência: se deixar a torneira aberta, jogará fora cerca de 30 litros de água. Abra a torneira somente quando for preciso.

- Utilizar lâmpadas econômicas, pois elas consomem cinco vezes menos e duram 10 vezes mais.

- Um banho é bom se dura pouco: em três minutos, você consome 40 litros d'água. Em 10 minutos, mais de 130 litros, em média.

- Pensar sempre que todo objeto que você usa se tornará lixo: faça com que ele dure o máximo possível.

- Praticar a coleta seletiva é a contribuição mais inteligente e importante que você pode dar ao meio ambiente.

2

Deus faz aliança
com seu povo

☆ Objetivo

Reconhecer a Lei de Deus como sinal para viver a verdadeira liberdade.

📋 Recursos

- Uma Bíblia.

- Uma toalha, flores, uma vela.

- Uma tábua com os Dez Mandamentos confeccionada em papelão ou cartolina.

- Uma tira de papel para cada família.

- Um cartaz com o título do encontro ("Deus faz aliança com seu povo").

- Uma caixa dos Dez Mandamentos escritos, cada um, em tiras de papel.

- Tecidos ou TNT para formar um caminho.

✿ Ambientação

Em uma mesa, colocar a toalha, a Bíblia, a vela e as flores. No chão, montar um caminho que sai da mesa e colocar o cartaz com o título do encontro. Depois, nesse caminho os familiares colocarão a tábua dos Dez Mandamentos.

Conforme as famílias chegarem, entregue a tira de papel para que escrevam o nome dos familiares.

A Bíblia nos conta que, por muito tempo, após ter saído da escravidão do Egito, o povo andou pelo deserto. Foi uma experiência de libertação e, ao mesmo tempo, de purificação e de esvaziamento para se deixar penetrar pelo Deus verdadeiro. As soluções para nunca mais voltar a viver a escravidão são encontradas na construção conjunta de normas de convivência que geram a vida com dignidade.

O gerar a vida com dignidade tem duas vias: aquela do Deus fiel, comprometido com seu povo, que liberta, protege e está presente sempre. A outra via parte da resposta que esse povo dá a seu Deus pelo cumprimento da Lei. Sem cumprir as condições colocadas por Deus, não há paz, justiça e igualdade. Os mandamentos são vistos pelo povo como orientações que Deus dá para chegar à verdadeira fraternidade, ao respeito e à dignidade.

No Egito, o faraó criava leis para oprimir o povo, obrigando homens, mulheres e crianças a executarem trabalhos pesados; mandando matar os meninos que nasciam e impedindo de praticar uma religião que não fosse a dele. Ao sair do Egito, o povo de Deus entrou no deserto e enfrentou novas dificuldades: o calor forte, a falta de água, o cansaço e as brigas faziam o povo quase desanimar.

Caminharam durante três meses após saírem do Egito, até o Monte Sinai, e pararam. Moisés estava preocupado, pois muita gente estava revoltada por causa das dificuldades e pela demora em chegar à Terra Prometida. Subiu ao monte para conversar com Deus sobre o povo, que era gente difícil de ser conduzida. Na oração, Moisés descobriu o que Deus queria realmente. Ele disse: "Moisés, quero reconstruir entre nós a corrente de amizade que comecei com Abraão, Isaac e Jacó. Quero fazer uma *aliança* com todo o meu povo" (cf. Ex 4,10).

Deus apresentou os Dez Mandamentos, o Decálogo, no qual Ele revela a sua vontade como projeto de vida saudável e de dignidade para o seu povo. Eles indicam as condições de uma vida liberta da escravidão do pecado. Se cumprirmos os mandamentos, não cometeremos pecado. Por isso, o Decálogo é apresentado como um caminho de vida: "Se amares teu Deus, se andares em seus caminhos, se observares seus mandamentos, suas leis e seus costumes, viverás e te multiplicarás" (Dt 30,16).

Os Dez Mandamentos enunciam as exigências do amor a Deus e ao próximo. Normalmente, nas tábuas da Lei, há uma enumeração de I a III em uma e, na outra, de IV a X. Isso significa que os três primeiros mandamentos definem como deve ser o relacionamento do povo com Deus. Os outros sete mostram como há de ser uma nova maneira de viver em relação a si mesmo, com os outros, com a sociedade e com o universo criado. Entretanto, não há dúvida de que o Decálogo forma um todo, um caminho que torna possível viver bem e em harmonia consigo mesmo, com o próximo, com a natureza e com Deus.

O Catecismo da Igreja Católica deixa claro que os Dez Mandamentos são imutáveis e sua obrigação vale sempre e em toda parte. "Ninguém pode dispensar-se deles, porque estão gravados no coração do ser humano" (CIgC, n. 2072).

Será que ainda hoje tem sentido falar dos mandamentos? Em um tempo em que as pessoas insistem em viver à revelia de qualquer preceito? Como entender os mandamentos de maneira positiva?

Podemos afirmar que os mandamentos são atuais, pois, quanto mais a vida se complica com as opiniões humanas contraditórias sobre o que é certo ou errado, mais o ser humano necessita da orientação clara dos mandamentos de Deus.

Os Dez Mandamentos se encontram na Sagrada Escritura em duas fontes: Ex 20,2-17 e Dt 5,6-21. No entanto, se compararmos os textos dessas fontes com os que encontramos em alguns livros, comentários bíblicos e outros recursos, veremos que há diferenças. Estas resultam do fato de que, desde muito cedo, os mandamentos foram sintetizados e apresentados de forma catequética com o objetivo de facilitar a sua compreensão e para que fossem guardados na memória.

Os Dez Mandamentos são, sobretudo, expressão do amor cuidadoso de Deus para com o seu povo. Ele lhe dá as "dez palavras", não para ser um fardo penoso ao longo do caminho da vida, mas pelo contrário, para que o povo continue trilhando um caminho de liberdade em busca da verdadeira felicidade.

Os mandamentos assinalam a maneira certa e segura de como devemos viver, indicam o caminho da felicidade nesta vida e na vida eterna. Por isso, dizemos que os Dez Mandamentos são um presente de Deus, já que é o instrumento com o qual Deus manifesta ao ser humano o que é bom e o que é mal, o que é verdadeiro e o que é falso, o que lhe agrada e o que lhe desagrada.

O que torna os Dez Mandamentos tão especiais é o fato de que neles toda a vida humana pode ser compreendida. Nós estamos orientados para Deus. São os três primeiros mandamentos: "Amar a Deus sobre todas as coisas"; "Não tomar seu santo nome em vão"; "Guardar domingos e festas". Estamos orientados para os outros a partir do quarto até o décimo mandamento: "Honrar pai e mãe"; "Não matar"; "Não pecar contra a castidade"; "Não furtar"; "Não levantar falso testemunho"; "Não roubar"; "Não cobiçar a mulher do próximo".

Para aprofundar: sugere-se ler no Catecismo da Igreja Católica os números 2052 a 2074.

Momento celebrativo

ACOLHIDA

Animador 1 – Sejam todos bem-vindos. Nossa comunidade se alegra com a presença de cada um dos familiares ou responsáveis pelos catequizandos que vieram para este encontro. Iniciemos com o sinal que simboliza nossa identidade de cristãos e, com alegria, saudemos a Trindade Santa:

Todos – *Em nome do Pai e do Filho e do Espírito Santo. Amém!*

CONVITE À ORAÇÃO

Animador 2 – Neste nosso encontro de hoje iremos refletir e rezar sobre os mandamentos da Lei de Deus. Da escravidão do Egito à liberdade, Deus mostra-se próximo, solidário, atento ao seu povo. Na caminhada pelo deserto, rumo à Terra Prometida, o povo procura em Deus sua força e Ele caminha com seu povo. Vamos ler juntos o cartaz que foi preparado com o título do encontro.

Animador 1 – Deus pede fidelidade e obediência para permanecer junto ao povo: são os seus mandamentos. A Lei de Deus não é uma imposição, nem visa castigar. Ao contrário, ela traz orientações para que o povo viva realmente na liberdade desejada por Deus. Nesse momento, dois familiares entrarão com as tábuas dos Dez Mandamentos e colocarão no caminho. Depois, cada família poderá colocar seu papel no caminho. Enquanto acolhemos a entrada da Tábua dos Dez Mandamentos, vamos cantar.

Canto: *Os mandamentos* (Pe. Zezinho, SCJ)[8].

Animador 2 – Os mandamentos, entregues por Deus a Moisés no deserto, mostram como deve ser a relação dos seres humanos com Deus e entre si. Nada fica de fora. Em cada um dos mandamentos, tudo o que impede que o povo viva sua dignidade de filhos de Deus é apresentado como algo que não se deve realizar, portanto, trata-se de uma atitude condenável.

COMPREENDER PARA AMAR

Animador 1 – Para compreender o nosso assunto de hoje, vamos pedir ajuda de alguns participantes que pegarão um papel da caixinha que foi preparada. Então, cada participante responderá e refletirá sobre as seguintes questões:

a. Qual é a mensagem de Deus que recebemos?

b. A mensagem que recebemos é importante? Por quê?

c. Como podemos viver esse mandamento?

(Reserve tempo para realizar as respostas.)

Animador 2 – Como Deus é o criador, o dono e o senhor do universo, toda a criação está submetida à lei ou à ordem imposta por Deus. O ser humano é livre e pode não querer seguir sua lei e ordem. Se não observa a lei divina, comete pecado, ofende a Deus e faz dano a si mesmo e aos demais.

---

8   PADRE ZEZINHO, SCJ – Os mandamentos. [S.l.: s.n.], 2021. 1 vídeo (5min59). Publicado pelo canal Padre Zezinho, SCJ. Disponível em: https://www.youtube.com/watch?v=r3Ys1UPYyxE. Acesso em: 16 maio 2024.

41

Em troca, quando guarda os mandamentos, o ser humano tem a segurança de estar no bom caminho e de que está fazendo a vontade de Deus.

Leitor 1 – Contudo, não podemos – e não devemos – sentir-nos aprisionados pelos mandamentos, sem ter a compreensão de que Deus quer decididamente o bem de sua criatura preferida – o ser humano – cuja liberdade defende e guarda com as normas.

Animador 1 – Como um exemplo da nossa atualidade, temos os sinais de trânsito. Para que servem?

Animador 2 – Os sinais de trânsito são leis conhecidas no mundo inteiro para a segurança nas estradas e nas cidades.

Leitor 2 – O povo de Deus também tinha leis que lhe dava segurança e defendia a vida de todos. O povo de Deus saiu da escravidão do Egito e iniciou sua caminhada para a terra prometida orientado por Moisés.

A PALAVRA DE DEUS ILUMINA NOSSO ENCONTRO

Animador 1 – Muitas vezes podemos pensar que os Dez Mandamentos são leis impostas por Deus para obedecermos, mas não é bem assim. Deus começa os Dez Mandamentos com as seguintes palavras: "Eu sou o Senhor, teu Deus, que te fez sair do Egito, da casa da escravidão, injustiça, morte, ganância, mentira, opressão" (Ex 20,2).

Animador 2 – Deus é amor, respeito, liberdade, preocupação, solidariedade, justiça. Deus é o Senhor do povo, quer que seu povo viva como Ele: em amor, fraternidade, justiça, solidariedade, liberdade. Vamos reafirmar o amor de Deus pai por nós, dizendo, a cada frase que ouviremos, aquilo que Ele nos pede.

Todos – *Eu serei o vosso Deus e vós sereis o meu povo (cf. Ex 6,7).*

Animador 1 – Moisés apresentou os mandamentos ao povo gravados em duas tábuas de pedra. Essas tábuas foram guardadas numa arca que se tornou um sinal de compromisso que o povo assumiu com Deus. Fazendo a aliança com esse povo, Deus queria fazer uma aliança com todos nós.

Animador 2 – Deus quis que formássemos um só povo e escolheu o povo de Israel para mostrar seu plano de amor por nós. Moisés desempenhou a função de mediador entre Deus e o povo fazendo-se portador das palavras de Deus.

Animador 1 – Pedimos ao Espírito Santo que nos permita estar cada vez mais próximos da Palavra de Deus. Que esta Palavra nos oriente em nosso dia a dia e missão.

Canto: *A vossa Palavra, Senhor*[9].

Animador 1 – Vamos abrir nossas bíblias no Livro do Êxodo – Ex 20,1-17.

(Aguarde até que todos tenham aberto a Bíblia e encontrado o texto bíblico.)

Leitura do Livro do Êxodo – Ex 20,1-17.

(Convide o grupo para realizar a leitura.)

---

[9] CORO EDIPAUL – A vossa Palavra, Senhor. [S.l.: s.n.], 2020. 1 vídeo (1min47). Publicado pelo canal Paulinas-COMEP. Disponível em: https://www.youtube.com/watch?v=qi5c3S0wpRg. Acesso em: 19 maio 2024.

Leitor – Palavra do Senhor.

Todos – *Graças a Deus!*

Animador 2 – Vamos fazer um breve momento de silêncio, pensando nas perguntas: O que diz o texto? O que diz o texto em relação ao que estamos refletindo no dia de hoje?

Animador 1 – Procuremos pensar agora o que o texto diz para nós hoje? Que lugar ocupam os mandamentos em nossas vidas? Temos percebido os mandamentos de Deus presentes em nossas vidas, em nossos corações? Podemos ir partilhando nossas respostas.

Animador 2 – A oração é o momento de conversar com Deus. Pensando na nossa realidade familiar, como podemos vivenciar os mandamentos? Podemos expressar nossas preces.

(Preces.)

Animador 1 – Como aprendemos a olhar os mandamentos a partir da Palavra? O que podemos fazer a partir de hoje como compromisso em vista do bem-viver da aliança que Deus faz conosco?

Animador 2 – Os catequizandos receberam em uma celebração da comunidade os Dez Mandamentos. Hoje, em nosso encontro, faremos a vocês também uma entrega simbólica dos Dez Mandamentos. Nos Dez Mandamentos, o povo conheceu a vontade de Deus. Por isso, durante muitos séculos, essa Lei esteve acima de profetas e reis do povo de Israel. Esses mandamentos continuam válidos e sempre o serão, pois descrevem como deve ser a vida do cristão. Nesse sentido, é importante que os mandamentos sejam conhecidos e guardados no coração de cada um como caminho de vida. Vocês são chamados a ouvir os Dez Mandamentos da Lei de Deus. Prestem atenção.

(O Animador deve proferir os Dez Mandamentos.)

1. Amar a Deus sobre todas as coisas.
2. Não tomar seu santo nome em vão.
3. Guardar domingos e festas de guarda.
4. Honrar pai e mãe.
5. Não matar.
6. Não pecar contra a castidade.
7. Não roubar.
8. Não levantar falso testemunho.
9. Não desejar a mulher do próximo.
10. Não cobiçar as coisas alheias.

Animador 1 – Deus nos ama sem limites e nos pede para termos esse mesmo amor por nossos irmãos. Recebam da Igreja a Lei de Deus e que ela oriente seus passos.

(Entregue aos familiares o cartão com os Dez Mandamentos.)

Animador 2 – Como compromisso de vivenciar em nosso dia a dia os Dez Mandamentos, vamos dizer todos juntos os Dez Mandamentos.

ORAÇÃO FINAL

Animador 1 – A nossa relação com Deus seria mais profunda se nós, com toda força e empenho do nosso coração, nos lembrássemos, a cada dia, de colocar em prática os mandamentos da Lei do Senhor.

Leitor 1 – Senhor, com os Dez Mandamentos indicastes o caminho para seu povo para conservar a liberdade e não voltar à escravidão. Nós vos pedimos.

Todos – *Ajudai-nos, Senhor, a seguir o vosso caminho.*

Leitor 2 – Jesus, Fonte de Vida, ensina-nos a ouvir a Palavra que o Pai gravou em meu coração e a viver segundo essas palavras. Nós vos pedimos, Senhor.

Todos – *Ajuda-nos, Senhor, a ter os mesmos sentimentos que Tu tiveste.*

Leitor 3 – Senhor, Deus de bondade e misericórdia, perdão por vos esquecermos e deixarmos que outras coisas sejam mais importantes do que o vosso amor. Nós vos pedimos, Senhor.

Todos – *Ajudai-nos a viver conforme a vossa lei, porque sabemos que, ao vosso lado, seremos mais felizes.*

Leitor 4 – Jesus, nosso Senhor, ajuda-nos a fazer dos teus ensinamentos a nossa forma de viver e amar os irmãos. Nós vos pedimos, Senhor.

Todos – *Jesus, fica conosco e guia-nos nesta vida em comunidade.*

Animador 2 – *Pai, que a certeza do seu amor nos faça mostrar ao mundo este amor com nossas atitudes.*

Todos – *Amém.*

Animador 1 – *Louvado seja nosso Senhor Jesus Cristo!*

Todos – *Para sempre seja louvado. Em nome do Pai e do Filho e do Espírito Santo.*

Ressonância

Animador 1 – *Vamos agora realizar um breve momento de ressonância, que é um momento em que podemos compartilhar nossa experiência de termos vivenciado uma celebração. Podemos partilhar a partir das perguntas:*

- *Quais os sentimentos que surgiram ao participar deste encontro e celebração de entrega dos Dez Mandamentos?*
- *O que lhe tocou mais profundamente?*
- *Qual a mensagem que você leva consigo deste encontro?*
- *As reflexões foram úteis para a sua vida?*

FÉ E VIDA – UMA TAREFA PARA A FAMÍLIA

Animador – A vivência do amor em nós é a vivência dos mandamentos da Lei de Deus! Ninguém pode só dizer: "Deus, como eu te amo!" ou "Deus, como o Senhor é tudo para mim!" se não souber colocar os mandamentos dele em prática. Amar a Deus sobre todas as coisas é tê-lo como o Senhor supremo das nossas vidas e não antepor ninguém, nem nada, a Ele. Ter como norma para nossa existência uma vida de oração e de comunhão com Deus e guardar o dia do Senhor. Depois, seguir os outros mandamentos que as Sagradas Escrituras nos ensinam, como amar o nosso próximo, como ser verdadeiro, justo, honesto, puro e bem-intencionado ao nos relacionarmos uns com os outros. Qual é o compromisso que assumimos a partir do que refletimos nesse encontro?

Algumas sugestões:

- Em casa, que os familiares conversem com seus filhos sobre o sentido dos Dez Mandamentos da Lei de Deus, motivando-os sobre como poderão vivenciá-los no dia a dia.

- Encontrar um momento do dia ou da semana para algum exercício de oração em família.

3

O novo mandamento do amor

⭐ Objetivo

Reconhecer que Jesus Cristo, com seus gestos e palavras, cumpriu a Lei de Deus e revelou que a verdadeira felicidade consiste em amar a Deus e amar ao próximo.

📔 Recursos

- Uma Bíblia, flores, uma cruz.
- Uma tira de papel para cada participante.
- Uma caixa pequena e nela colada a frase "Programa da Fraternidade".
- Um tijolo e nele colocada a frase: "Amem-se uns aos outros".

🌼 Ambientação

Colocar a Bíblia, a cruz e as flores em uma mesa com toalha. Conforme for utilizando os demais itens, coloque-os sobre a mesa.

Jesus nos diz de diversas formas que o amor a Deus coincide e identifica-se com o amor ao próximo de quem devo aproximar-me, porque necessita de mim. Nesse sentido, pode-se identificar sua maneira de explicar o amor compreendendo que:

- O amor a Deus assemelha-se ao amor ao próximo: "Amarás ao Senhor teu Deus de todo o coração, de toda a alma e de todo o entendimento. Esse é o grande e o primeiro mandamento. O segundo é semelhante a esse: amarás o teu próximo como a ti mesmo" (Mt 22,37-40).

- O amor de Deus e o amor ao próximo são inseparáveis. Para Jesus, o amor de Deus e o amor ao próximo são inseparáveis, pois se constituem em um só mandamento, do qual dependem todos os outros: "Se alguém disser: 'amo a Deus', mas odeia o seu irmão, é um mentiroso. Pois quem não ama seu irmão, a quem vê, a Deus, que não vê, não poderá amar. E este mandamento dele recebemos: Aquele que ama a Deus, ame também seu irmão" (1Jo 4,20-21).

- Existe uma espécie de igualdade entre o amor de Deus e o amor ao próximo. O que se faz ao próximo (em especial ao mais humilde e necessitado) é como se o fizesse ao próprio Jesus: "Em verdade vos digo: cada vez que fizeste a um desses meus irmãos mais pequeninos, a mim o fizestes" (Mt 25,40).

A norma do amor será a de amar como Jesus nos amou: o amor de Cristo foi até as últimas consequências: "Nisto conhecemos o amor: que Ele deu a vida por nós. E nós também devemos dar as nossas vidas pelos irmãos" (1Jo 3,16). Com isso, queremos afirmar que: Jesus se dirige ao ser humano concreto – seja publicano, prostituta, pobre, oprimido, fariseu, rabino –, a todos os seres humanos; nós amamos a Deus e defendemos sua causa amando como Jesus nos amou e em qualquer situação em que o ser humano se encontre – esse amor deve ser humano, aqui neste mundo e agora, no tempo que estamos vivendo. Nada deve estar acima do amor aos irmãos ou contentar-se em cumprir a lei: "Com efeito, eu vos asseguro que, se a vossa justiça não exceder a dos escribas e a dos fariseus, não entrareis no Reino dos Céus" (Mt 5,20).

Por ser o amor nosso mandamento, a única medida do amor é amar sem medida. Esta é a última vontade de Jesus: "Dou-vos um mandamento novo: que vos ameis uns aos outros. Como eu vos amei, amai-vos também uns aos outros. Nisso conhecerão todos que sois meus discípulos, se tiverdes amor uns pelos outros" (Jo 13,34-35).

Para aprofundar: ler CIgC, números 1822 e 1823.

Momento celebrativo

ACOLHIDA

Animador 1 – Sejam todos bem-vindos! Cremos que Deus é amor e que necessitamos dele. Na família, devemos amar como Ele nos ama. Isso se traduz, no convívio familiar, sob a forma do amor conjugal entre pais e filhos e, também, entre os irmãos. São laços de relações diversas, mas em um espaço comum.

Leitor 1 – O amor que brota da entrega total de Jesus Cristo na Cruz deve perpassar toda a convivência do lar. Ninguém deve se excluir ou ser excluído dele. Que o carinho do Senhor se manifeste em nosso meio. Com alegria, iniciemos nosso encontro.

Todos – Em nome do Pai e do Filho e do Espírito Santo. Amém.

CONVITE À ORAÇÃO

Animador 1 – Invoquemos o auxílio do Espírito Santo para abrirmos nossos corações a fim de acolhermos e compreendermos melhor o que Deus tem a nos dizer mediante as reflexões e meditações do encontro de hoje.

Todos – Vinde, Espírito Santo...

Animador 2 – Rezemos a "Oração pela Igreja Doméstica" (Vasconcelos, 2013, p. 25-26).

Lado 1 – Ó Pai querido, de quem procede o dom da paternidade e maternidade no céu e na terra, ilumina-nos na nossa missão de pastorear a verdadeira igreja doméstica. Que em nosso pastoreio haja diálogo sincero e respeitoso. Que nunca falte a oração e a meditação de tua Palavra. Que, diante dos grandes desafios que o pastoreio nos apresenta, saibamos agir com sabedoria e prudência, contando sempre com o auxílio da luz do teu Santo Espírito para nos orientar e conduzir.

Lado 2 – Ó Pai, não é fácil exercer o nosso ministério de educar os filhos em um processo de fé e vida, mas sabemos que Tu caminhas ao nosso lado. Tu és nosso Deus e Senhor. Dá-nos coragem e ânimo para continuar exercendo a nossa tríplice missão recebida no batismo de ser sacerdote, pastor e rei no seio de nossa família.

Todos – *Ó Pai, que os nossos filhos encontrem em nós confiança, carinho e apoio para o seu crescimento integral: humano, espiritual, psicológico, moral e social. Ó Pai, que amas com amor eterno cada um de teus filhos e filhas, derrama todas as graças e bênçãos do céu sobre a nossa pequena igreja doméstica. Amém.*

Animador 2 – O primeiro lugar da educação para a oração é a família cristã. Ela é "a igreja doméstica", onde aprendemos a orar e a perseverar na oração. Em virtude da sua dignidade e missão, os pais cristãos têm o dever de educar os filhos para a oração.

Leitor 1 – Senhor, queremos transformar a nossa casa em um lugar privilegiado para o encontro contigo.

Leitor 2 – Senhor, ajuda-nos a viver o seu projeto em nossas famílias.

Leitor 3 – Senhor, que pelo nosso exemplo e testemunho possamos ser para nossos filhos perseverantes na oração.

Todos – *Senhor, para que nossas famílias sejam fundadas sobre a rocha tendo como referência a Sagrada Família de Nazaré, pois toda família é sagrada. Que a minha família seja o lugar que Deus escolheu para derramar as suas graças.*

Animador 1 – No silêncio de nossos corações, vamos fazer uma prece pela nossa família.

(Faça um tempo de silêncio.)

COMPREENDER PARA AMAR

Animador 1 – Para iniciar nossa reflexão, vamos conversar um pouco sobre a amizade. O que a amizade representa para a nossa família? Vamos dialogar para que expressemos as amizades que as nossas famílias têm.

Animador 2 – O cultivo da amizade está intimamente relacionado a aprender a querer bem às outras pessoas e aprender a conviver. Quando um amigo faz um pedido para nós, o que devemos fazer?

(Reserve tempo para respostas, dê exemplos de pedidos: passear juntos, ajudar a fazer um serviço...)

Animador 1 – Um pedido de um amigo pode ser difícil, mas a gente não quer desgostar e fazemos de tudo para dar-lhe alegria. Isso é sinal de grande amizade. Vamos ouvir uma música procurando perceber alguma frase que nos chama atenção.

Canto: *Amigo (Roberto Carlos)*[10].

---

10   ROBERTO CARLOS – Amigo. [s. l.: s. n.], 2020. 1 vídeo (3min35). Publicado pelo canal Roberto Carlos. Disponível em: https://www.youtube.com/watch?v=tExaVNSjQdo. Acesso em: 16 maio 2024.

Animador 2 – A letra da música apresenta muitas qualidades de um amigo. Quais as qualidades de um amigo que podemos perceber?

Animador 1 – Deus colocou no coração das pessoas o amor. Quando amamos, ficamos parecidos com Deus. O amor mora em nós, mas aparece fora de nós em nossos gestos e atitudes para com os outros.

Animador 2 – O nosso Deus não é um Deus solitário, mas um Deus-Família no qual o Pai, o Filho e o Espírito Santo constituem a mais bela comunicação do amor. O amor que não comunica uma intensa vida é egoísmo.

Animador 1 – O documento pós-sinodal sobre a família *Amoris Laetitia*, do Papa Francisco, é um cântico da alegria do amor. Nele, o amor é visto como alegria de encontro e de doação. Nesse documento, lemos que: "A alegria do amor que se vive nas famílias é também o júbilo da Igreja. Apesar dos numerosos sinais de crise no matrimônio – como foi observado pelos padres sinodais – o desejo de família permanece vivo, especialmente entre os jovens, e isso incentiva a Igreja. Como resposta a esse anseio, o anúncio cristão sobre a família é verdadeiramente uma boa notícia" (AL, n. 1).

Animador 2 – Vamos formar grupos e conversar a partir das seguintes questões e depois partilhar com os demais grupos:

1. Quais ações e palavras demonstram que uma família é uma comunidade de amor?

2. Como se tornar uma comunidade de amor?

3. De que forma podemos ser testemunhas do amor de Deus às outras famílias?

Animador 1 – A Igreja sempre tem considerado os familiares como os primeiros educadores, não somente da fé, mas de toda pessoa. O pensamento da Igreja é um pensamento positivo, educativo e evangelizador.

Leitor 1 – Jamais a Igreja considera a família simplesmente como lugar de convivência, mas sim como lugar de experiências, da experiência do amor divino, onde Deus transborda o seu amor e onde nos mostra concretamente como o mesmo Filho de Deus, Jesus de Nazaré, teve necessidade de uma família para poder crescer em idade, sabedoria e força.

Leitor 2 – A família é o lugar da escola e a universidade da defesa da vida. A vida deve ser amada e respeitada e, quando, na família, se encontram situações difíceis, seus membros não podem ser esquecidos. Eles devem assumir com fé e esperança o sofrimento.

Todos – *A família é o lugar da experiência do amor de Deus e amor humano.*

Leitor 3 – Hoje falamos, como sempre se tem falado, de amor, mas nem sempre sabermos concretizá-lo na vida de cada dia. Na maioria das vezes, entendemos por amor a própria satisfação, os próprios gostos e ter todos ao nosso serviço para que façam tudo o que nós desejamos. É a busca do prazer próprio, sem levar em consideração o outro em relação ao que pensa, ao que sente.

Animador 2 – Esse tipo de amor lentamente vai penetrando e apodrecendo a beleza da vida. O amor, para ser verdadeiro, deve ser atento ao outro, capaz de esquecer-se de si mesmo, da própria felicidade, e de criar as condições para a felicidade do outro que caminha ao nosso lado. Só poderemos ser felizes fazendo felizes os demais.

A PALAVRA DE DEUS ILUMINA NOSSO ENCONTRO

Animador 1 – Jesus reuniu seus amigos e lhes deu um resumo do que deles queria, fazendo-lhes um pedido. Vamos ouvir o que a Palavra de Deus nos diz.

Canto de Aclamação: *Tua Palavra, Senhor*[11].

(Durante o canto de aclamação, retire a Bíblia que está sobre a mesa, pois dela será proclamada a Palavra; se for necessário, o texto já pode estar indicado com um marcador de página.)

Leitura do Evangelho segundo São João – Jo 13,34-35.

Leitor – Palavra do Senhor.

Todos – *Graças a Deus!*

Animador 1 – A vontade de Jesus é que nos amemos uns aos outros como Ele nos amou. Esse é o seu mandamento. A base sólida do seu programa da Fraternidade. Vocês receberão uma tira de papel e, nela, cada um escreverá atitudes que expressam amor entre os irmãos. Após terminar, vamos colocar na caixa que contém a frase "Programa da Fraternidade".

(Os participantes devem colocar as tarjas de papel na caixa e cantar.)

---

11   PADRE ZEZINHO, SCJ – Tua Palavra, Senhor. [S.l.: s.n.], 2020. 1 vídeo (1min50). Publicado pelo canal Padre Zezinho, SCJ. Disponível em: https://www.youtube.com/watch?v=orXD8NT0SUE. Acesso em: 16 maio 2024.

Canto: *Onde reina o amor*[12].

Animador 1 – A caixa em que colocamos nossas frases representa o programa de Jesus, aquilo que nos faz crescer mais como irmãos. Vamos ouvir algumas atitudes.

(Retire algumas tiras de papel e leia. O animador deve colocar a caixa em cima do tijolo escrito "Amem-se uns aos outros".)

Animador 2 – Vamos ler todos juntos a frase que está no tijolo.

Todos – *Amem-se uns aos outros.*

Animador 1 – Esse é o mandamento de Jesus. A base sólida de seu programa de fraternidade. Assim como o tijolo sustenta esta caixa, o mandamento de Jesus sustenta a vida de seus amigos, faz com que seja mais alegre e traz mais disposição para sermos irmãos. Revelamos o Cristo pelo amor que manifestamos aos irmãos. Para todos, Jesus teve gestos de amor e compreensão, de carinho.

Animador 2 – O nosso amor é mais perfeito quando amamos as pessoas. O amor pode ser manifestado de diversas formas: no olhar, no abraço, no sorriso, na amizade, na compreensão, no carinho, no perdão.

Animador 1 – Jesus diz que, fazendo isso, estamos sendo, de fato, amigos dele. Ainda, estamos fazendo como Ele fez e, portanto, estamos mostrando que amamos muito a Deus. Assim, damos continuidade ao seu programa de fraternidade.

---

12   ONDE REINA AMOR (Taizé) – Vozes. [S.l.: s.n.], 2016. 1 vídeo (3min54). Publicado pelo canal Vídeos Arquidiocese de Goiânia. Disponível em: https://www.youtube.com/watch?v=fLxWd94DvcE. Acesso em: 2 maio 2024.

ORAÇÃO FINAL

Animador 1 – Toda a convivência familiar é uma oração contínua, porque Deus está ali presente. De maneira especial, os momentos de oração comum em família são momentos de encontro com Deus e de experimentar o sabor de sua intimidade.

Leitor 1 – Cada um fala com Deus, expondo a Ele suas alegrias e tristezas, suas dificuldades e vitórias e, sobretudo, suas esperanças ao darmos as mãos e pedirmos uns pelos outros ao Senhor Jesus.

Todos – Pela oração em comum, a família se fortalece a cada dia mais, valorizando o que é essencial na convivência, e deixa de lado o que não é tão importante.

Animador 1 – Com fé, elevemos a Deus as nossas preces. A cada invocação, respondamos:

Todos – Deus de bondade, ajudai-nos!

Leitor 2 – Para que a Igreja colabore sempre mais na santidade das famílias, rezemos.

Leitor 3 – Para que as famílias sejam formadoras de pessoas saudáveis, maduras e capazes de construir um mundo melhor, rezemos.

Leitor 1 – Para que cada um de nós seja aberto à graça divina e ao próximo, a fim de fazermos da família um lugar sagrado, rezemos.

Leitor 2 – Para que os enfermos, os idosos e os deficientes sejam cuidados com amor, rezemos.

Animador 1 – Que o Senhor nos abençoe e nos guarde. O Senhor faça brilhar sobre nós a sua face e se compadeça de nós. Que o Senhor volte para nós o seu rosto e nos dê a paz. Abençoe-nos, Deus misericordioso, Ele que é Pai, Filho e Espírito Santo.

Todos – Amém.

FÉ E VIDA – UMA TAREFA PARA A FAMÍLIA

Animador 1 – Uma família que é lugar de encontro com Deus é, antes de tudo, testemunho de vida para as outras famílias da vizinhança, do bairro, da cidade e, para começar, para as famílias dos próprios parentes. A família, sob a ótica da fé, torna-se lugar de irradiação desse encontro com Deus, portanto, local de irradiação da fé, do amor encarnado da Santíssima Trindade, da solidariedade e do perdão. O Papa Paulo VI afirma que "evangelizar é, em primeiro lugar, dar testemunho". O que podemos fazer neste sentido?

- Juntos pensemos como grupo um compromisso para ser vivenciado.

4

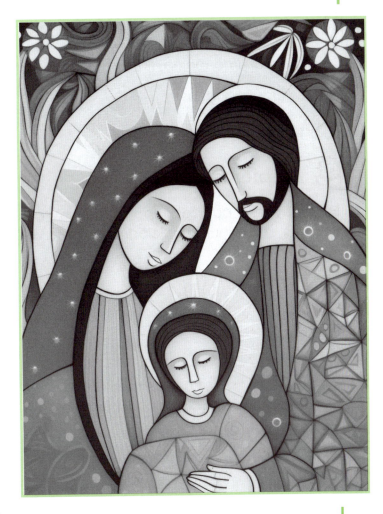

Somos chamados
a ser profetas

☆ Objetivo

Entender que o projeto de Deus precisa de homens e mulheres que aceitem a vocação de ser profeta, despertando a justiça e a esperança no meio do povo.

📓 Recursos

- Uma Bíblia, uma toalha, flores, uma vela grande.
- Sete velas pequenas.
- Tiras de papel e canetas.

🌻 Ambientação

Em uma mesa, colocar a toalha, a Bíblia, a vela grande e as flores. Entregar para alguns participantes as sete velas e orientar o que deverão ler e realizar.

Deus chamou pessoas para ensinar e guiar seu povo, para que seu plano de amor fosse cumprido. Essas pessoas, escolhidas do meio do povo, são os profetas, pessoas comuns que procuram viver fiéis à aliança e aos mandamentos de Deus. Profeta é um termo muito amplo que, no grego, corresponde mais ou menos à nossa expressão "porta-voz".

O profeta era, inicialmente, consultado para ver "onde Deus estava". Progressivamente passou a ter um papel mais ético, isto é, observando se a aliança entre Deus e os homens era guardada. Por isso, a denúncia da injustiça e o anúncio da salvação da parte de Deus.

Deus não desiste da sua aliança com o povo e, para que este volte a ser fiel, Deus o adverte e o castiga, mas continua a oferecer a salvação. Os profetas, preocupados com a fidelidade à aliança e a retidão do povo, criticam duramente qualquer situação contrária à honra de Deus ou ao bem do povo. Os profetas apresentam o ideal de um povo que escuta a vontade de Deus e, sem recorrer à violência, cumprem a justiça. Em toda a Bíblia os profetas sempre foram figuras importantes, possuídos por Deus, inovadores éticos e morais.

Em todos os tempos da história os profetas foram aqueles que fizeram a diferença no desenvolvimento do comportamento humano, ensinando homens e mulheres a saírem de si e olharem para o outro e à sua volta a fim de abrirem caminho ao que Deus quer para sua criação.

Somos chamados por Deus a ser profetas. Isso não significa transformar o lugar em que vivemos, estudamos ou trabalhamos em um lugar de pregação, mas evangelizar sendo quem somos, com autenticidade; sendo a presença de Deus e fazendo o que Ele quer de nós, porque em tudo o que fizermos, com nossas palavras e nossas atitudes, evangelizaremos quem está ao nosso lado. Devemos ser profetas com nossa vida, com nosso testemunho. Como os profetas da Bíblia, talvez fiquemos confusos e nos sentindo incapazes e medrosos diante dessa missão de "ser profeta no mundo", mas podemos ter a certeza de que Deus está conosco e nos diz, como disse aos profetas: Eu estarei contigo! Vai falar por mim! Devemos estar atentos àqueles que agem como falsos profetas e anunciam aquilo que o mundo pede, e não a vontade de Deus.

Hoje, como naquele tempo, somos chamados a ouvir a voz de Deus por meio dos profetas que encontramos em nossa vida. Somos chamados à conversão, à mudança de vida, a deixar o pecado, a idolatria e tudo que não condiz com a nossa condição de cristãos. Não devemos perseverar nos caminhos que nos afastam de Deus e nos levam à perdição. O Senhor nos envia os profetas, porque Ele não quer a nossa perdição, mas, ao contrário, quer a nossa salvação.

Quem são esses profetas em nosso tempo? Talvez, os profetas que o Senhor envia para o Povo de nosso tempo sejamos eu e você. Deus nos envia a anunciar a Palavra de Deus com destemor e ousadia, pois, nos dias de hoje, há muitas pessoas que, como nós, precisam de conversão.

O medo da perseguição também nos leva a desistir da vocação de anunciar a Boa-nova de Jesus Cristo. Jeremias também teve medo, mas deixou-se seduzir pelo Senhor (Jr 20, 7) e foi em frente. Ele foi profeta para seu povo num tempo muito difícil, no qual era necessário que ele profetizasse, pois muitos estavam para perder-se em meio ao pecado, à idolatria. Como ele, somos chamados a vencer o medo e a assumir a vocação que o Senhor nos confiou como seus filhos amados.

Momento celebrativo

ACOLHIDA

Animador 1 – Estamos muito felizes pela presença de cada um de vocês, sejam todos bem-vindos. Sintam-se acolhidos na comunhão de Deus Pai.

(Durante o canto, acende-se a vela.)

Canto: *Vem, Espírito Santo, vem!*[13].

Animador 2 – Assim como faziam os primeiros cristãos, também hoje nos reunimos formando pequena comunidade, sinal da grande comunidade do Povo de Deus. Iniciemos o nosso encontro invocando a Santíssima Trindade.

Todos – *Em nome do Pai e do Filho e do Espírito Santo. Amém!*

CONVITE À ORAÇÃO

Animador 1 – Hoje vamos conversar sobre os profetas, que foram aqueles que fizeram a diferença no comportamento humano, ensinando homens e mulheres a saírem de si, olharem para o outro e à sua volta, a fim de abrirem caminho ao projeto do novo que Deus quer para sua criação. Hoje temos algumas pessoas que são profetas dos tempos atuais. Mas quem são essas pessoas?

---

[13] VEM, ESPÍRITO SANTO, VEM! [S.l.: s.n.], 2014. 1 vídeo (2min29). Publicado pelo canal Arquidiocese de Goiânia. Disponível em: https://www.youtube.com/watch?v=owaX90lFJD0. Acesso em: 13 maio 2024.

Leitor 1 – Pessoas que se sentem chamadas para falar em nome de Deus.

(Acenda a sua vela.)

Leitor 2 – Pessoas que chamam a atenção para a aliança que Deus fez com seu povo. Muitos não estão mais cumprindo essa aliança e não vivem mais os mandamentos.

(Acenda a sua vela.)

Leitor 3 – Pessoas que defendem o sonho de Deus de vida, paz, liberdade e terra para todos.

(Acenda a sua vela.)

Leitor 4 – Pessoas que defendem o povo da ganância dos reis e dos poderosos, exigindo justiça e fraternidade, que defendem aqueles que não têm voz e nem vez.

(Acenda a sua vela.)

Leitor 5 – Pessoas que olham para o presente e o futuro com esperança animam o povo a também caminhar com esperança, confiando na misericórdia e compaixão de Deus. Não se cansam de anunciar: Deus está conosco.

(Acenda a sua vela.)

Leitor 6 – Pessoas que ajudam o povo e as autoridades a tomar consciência daquilo que está acontecendo e que as fazem ver os erros e os pecados, tendo o projeto de Deus como critério de julgamento. Essas pessoas chamam para a conversão e indicam a vontade de Deus.

(Acenda a sua vela.)

Leitor 7 – Pessoas de profunda intimidade com Deus aprenderam a rezar e a escutar a Palavra dele. É essa intimidade com Deus, na oração, que lhes dá luz, ânimo e coragem para serem fiéis a sua missão.

(Acenda a sua vela.)

Canto: O Profeta[14].

COMPREENDER PARA AMAR

Animador 2 – Neste encontro, recordamos as pessoas que foram escolhidas e chamadas por Deus para falar em seu nome. São os profetas, mensageiros de Deus. Os profetas sempre nos lembram que Deus age na história dos homens. Eles denunciam a falsa segurança atrás da qual o povo se esconde, muitas vezes, inconscientemente. Desinstalam o povo e o enviam à procura de novas formas de comportamentos que sejam estímulo de vida digna, justa, solidária e de fé.

Animador 1 – Para compreender um pouco mais sobre o tema do nosso encontro, formaremos duplas e conversaremos sobre o que entendemos ou sabemos em relação ao que é ser profeta no contexto bíblico. Cada dupla receberá uma tira de papel e uma caneta para anotar aquilo que conversarem.

Animador 2 – Podemos agora escutar algumas duplas.

---

14 [ENTRADA/FINAL] O PROFETA. [s. l.: s. n.], 2014. 1 vídeo (4min5). Publicado pelo canal Louvores ao Santíssimo. Disponível em: https://www.youtube.com/watch?v=pKhdvIv6VaM. Acesso em: 2 maio 2024.

Animador 1 – A partir de tudo o que escutamos podemos nos perguntar:

- Por que os profetas eram perseguidos?
- O que levava o profeta a enfrentar as perseguições?

Animador 2 – Os profetas eram perseguidos, porque falavam a verdade e denunciavam as injustiças e se colocavam ao lado dos injustiçados e oprimidos. A experiência de Deus impulsiona a pessoa escolhida para enfrentar tudo o que for necessário para comunicar a mensagem divina.

Animador 1 – Vamos conhecer a história de Ir. Dorothy Stang, profetisa dos tempos atuais.

Ir. Dorothy era uma religiosa norte-americana que foi naturalizada brasileira. Ela fazia parte da Congregação das Irmãs de Nossa Senhora de Namur, fundada em 1804, que nos cinco continentes tem um grupo de mais de 2.000 mulheres realizando trabalhos pastorais, sociais e de saúde. Ir. Dorothy atuava nos movimentos sociais no Pará. Sua atividade pastoral e missionária buscava a geração de emprego e renda com projetos de reflorestamento em áreas degradadas, junto aos trabalhadores rurais da área da rodovia Transamazônica. Seu trabalho focava-se também na minimização dos conflitos fundiários na região. A sua participação em projetos de desenvolvimento sustentável ultrapassou as fronteiras da pequena Vila de Sucupira, no município de Anapu, no Estado do Pará, a 500 quilômetros de Belém do Pará, ganhando reconhecimento nacional e internacional.

Dorothy foi assassinada, com seis tiros, aos 73 anos de idade, em uma estrada de terra de difícil acesso, a 53 quilômetros da sede do município de Anapu, no Estado do Pará, Brasil. O corpo da missionária está enterrado em Anapu, onde recebeu e ainda recebe as homenagens de tantos que nela reconhecem as virtudes heroicas da matrona cristã.

> Pouco antes de ser assassinada, declarou: "Não vou fugir e nem abandonar a luta desses agricultores que estão desprotegidos no meio da floresta. Eles têm o sagrado direito a uma vida melhor numa terra onde possam viver e produzir com dignidade sem devastar".

Animador 2 – *Mediante o testemunho de Irmã Dorothy podemos nos perguntar:*

- O que aprendemos com este texto? Quem a Irmã Dorothy defendia? Por que a irmã missionária foi perseguida e assassinada?

Animador 1 – Todo profeta tem a missão de anunciar e de denunciar. O Papa Francisco lembra que

> A Igreja tem necessidade dos profetas. E diria mais: tem necessidade de que todos nós sejamos profetas. Não críticos, isto é outra coisa. Uma coisa é sempre o juiz crítico, ao qual nada lhe agrada, nenhuma coisa lhe agrada: "Não, isto não está certo, não está bem, não está bem, não está certo, isto deve ser assim..." Esse não é um profeta. O profeta é aquele que reza, olha para Deus, olha para seu povo, sente dor quando o povo erra, chora – é capaz de chorar pelo povo –, mas é também capaz de arriscar a própria pele para dizer a verdade (Francisco, 2018).

Animador 2 – No espaço familiar somos convidados a nos tornar profetas. Nos pequenos gestos da vida quotidiana os filhos aprendem a estabelecer um bom relacionamento com os outros e a viver na partilha. Promover as virtudes pessoais é o primeiro passo para educar para as virtudes sociais, no compromisso profético.

Animador 1 – Entre os familiares, o bem aumenta na medida em que a família se abre à sociedade, prestando atenção e oferecendo ajuda às necessidades dos outros, sendo profeta. Desse modo, a família adquire motivações importantes para desempenhar a sua função social, tornando-se fundamento e recurso principal da sociedade.

 A PALAVRA DE DEUS ILUMINA NOSSO ENCONTRO

Animador 2 – Vamos abrir nossa Bíblia e acompanhar a leitura sobre o que o Senhor tem a nos falar.

Canto de Aclamação: *Pela Palavra de Deus*[15].

(Durante o canto de aclamação, retire a Bíblia que está sobre a mesa, pois dela será proclamada a Palavra; se for necessário, o texto já pode estar indicado com um marcador de página.)

Leitura da profecia de Jeremias – Jr 7,1-11.

Leitor – *Palavra do Senhor.*

Todos – *Graças a Deus!*

(Terminada a proclamação, as pessoas devem se sentar e fazer um breve momento de silêncio.)

Animador 1 – O que essas palavras do Profeta Jeremias dizem a cada um de nós? Em que temos que mudar? Jeremias diz que é inútil rezar e ir ao templo sem viver conforme a vontade do Senhor. Que sentido tem ir ao templo quando o coração tem ídolos do mundo?

---

15 PELA PALAVRA DE DEUS. [s.l.: s.n.], 2014. 1 vídeo (2min2). Publicado pelo canal Coro Edipaul – Tema. Disponível em: https://www.youtube.com/watch?v=0S2T8DRwiBM. Acesso em: 15 maio 2024.

Animador 2 – Senhor Deus, queremos agradecer, pois, por amor, enviaste profetas que nos trouxeram tua vontade. Queremos agradecer, também, porque nos enviastes teu filho, Jesus, que nos ensinou que Tu cuidas de nós durante todo o tempo. E nós te pedimos, Senhor, para que sejamos corajosos e confiantes como Jeremias e os outros profetas, para anunciar teu plano de amor em todos os lugares por onde caminhamos.

ORAÇÃO FINAL

Animador 1 – Deus quer que sejamos profetas de nosso tempo, ajudando o povo a ser fiel ao seu amor. Senhor, meu Deus, sou chamado a ser profeta hoje. Como os profetas da Bíblia, também temos medo de não cumprir nossa missão. Por isso, pedimos: dai-nos as palavras certas e mostrai-nos o que devemos fazer. Rezemos juntos.

Leitor 1 – Senhor Deus, nossa vida segue adiante como um caminho que percorremos com a ajuda dos profetas.

Leitor 2 – Senhor nosso Deus, nós queremos agradecer, porque, por amor, enviaste profetas que nos trouxeram a tua vontade.

Todos – *Os profetas falam sempre em nome de Deus!*

Leitor 1 – Considerado o maior de todos os profetas, Isaías profetizou durante mais de 40 anos, em um período difícil para o povo de Deus, ameaçado por invasões de outros povos.

Leitor 2 – Isaías encoraja as pessoas e reafirma que Deus não quer que voltem a ser escravos. Sejamos também nós profetas da esperança, assumindo plenamente a missão de profetizar.

Todos – *Dá-nos a coragem do Profeta Isaías para levar esperança aos que estão em dificuldade, em especial às pessoas de nossa família.*

Leitor 1 – O Profeta Amós denunciava as injustiças e transmitia ao povo a mensagem de Deus e, como suas palavras incomodaram os poderosos, foi expulso da região na qual profetizava.

Leitor 2 – Deus é justo e não aceita injustiças. Rezemos, pedindo a Ele que nos ajude a seguir o exemplo do Profeta Amós.

Todos – *Senhor, que tenhamos coragem para colaborar com vosso plano e ajudar a crescer a vossa justiça.*

Leitor 1 – Diante de tantas situações de injustiça, Deus diz aos homens de hoje: não se afastem de mim para que possam viver.

Leitor 2 – Peçamos perdão por nossas atitudes que não colaboram com o plano de amor de Deus.

Todos – *Deus de misericórdia, perdoai nossas atitudes que fazem crescer a injustiça.*

Animador 1 – Somos chamados a ser profetas do nosso tempo. Que o Senhor nos dê força na caminhada e perseverança na vocação, rezemos juntos.

Todos – *Pai nosso...*

FÉ E VIDA – UMA TAREFA PARA A FAMÍLIA

Animador 1 – Já no Batismo, Deus nos consagrou e nos fez profetas. Que cada um de nós assuma a missão profética e nos ajudemos mutuamente a descobrir os caminhos que Deus deseja para a nossa felicidade e para a dos demais com quem convivemos. Diante do chamado de Deus, como podemos nos colocar a serviço dele? Qual é o compromisso que assumimos? Algumas sugestões são:

- Estar sempre atento e observar algumas situações que precisam ser mudadas, comprometendo-se a ter atitudes concretas, sendo profeta de hoje.

- Combater as injustiças em casa, entre os amigos, no trabalho.

- Ter confiança absoluta em Deus e ensinar essa confiança a outras pessoas.

Referências

CELAM. *Documento de Aparecida: texto conclusivo da V Conferência Geral do Episcopado Latino-Americano e do Caribe*. Brasília: CNBB, 2007.

CNBB (Conferência Nacional dos Bispos do Brasil). *Catecismo da Igreja Católica*. Petrópolis: Vozes, 1993.

CNBB (Conferência Nacional dos Bispos do Brasil). *Catequese renovada: orientações e conteúdo*. São Paulo: Paulinas, 1983 (Documento n. 26).

FRANCISCO. *Carta Encíclica* Fratelli Tutti – Sobre a fraternidade e a amizade social. Brasília: Edições CNBB, 2020.

FRANCISCO. *Exortação Apostólica* Evangelii Gaudium – Sobre o anúncio do Evangelho no mundo atual. Brasília: Edições CNBB, 2013.

FRANCISCO. *Exortação Apostólica Pós-sinodal* Amoris Laetitia – Sobre o amor na família. Brasília: Edições CNBB, 2016.

FRANCISCO. O profeta é sempre um homem de esperança. Homilia 17 de abril de 2018. *Vatican News*, 2028. Disponível em: https://www.vaticannews.va/pt/papa-francisco/missa-santa-marta/2018-04/papa-o-profeta-e-um-homem-de-esperanca.html. Acesso em: 17 maio 2024.

SOU CATEQUISTA. A importância dos pais na formação religiosa dos filhos. *Sou Catequista*, 2015. Disponível em: https://soucatequista.com.br/a-importancia-do-acompanhamento-dos-pais-na-formacao-religiosa-dos-filhos.html. Acesso em: 12 jul. 2023.

VASCONCELOS, E. *Orações, bênçãos e celebrações para a família*. Petrópolis: Vozes, 2013.

Conecte-se conosco:

facebook.com/editoravozes

@editoravozes

@editora_vozes

youtube.com/editoravozes

+55 24 2233-9033

www.vozes.com.br

Conheça nossas lojas:

www.livrariavozes.com.br

Belo Horizonte – Brasília – Campinas – Cuiabá – Curitiba
Fortaleza – Juiz de Fora – Petrópolis – Recife – São Paulo

    Vozes de Bolso

EDITORA VOZES LTDA.
Rua Frei Luís, 100 – Centro – Cep 25689-900 – Petrópolis, RJ
Tel.: (24) 2233-9000 – E-mail: vendas@vozes.com.br